머리가 좋아지는 두뇌 트레이닝

명화 미로찾기 마스터

MAZE _db 지음

보누스

미로찾기를 시작하기 전에 잠시 읽어주세요

- 미로를 풀기 전에 명화 미로를 감상해 보세요. 명화를 보며 느껴지는 기분, 떠오른 생각에 집중해 보세요.
  나를 돌아보게 하고 감정을 살펴줄 거예요.
- 각 미로에는 노란색 점과 파란색 점이 있습니다. 둘 중 어느 점에서 출발해도 좋아요. 한 점에서 시작해 다른 점에 도착하면 됩니다.
- 쉬운 미로와 어려운 미로가 섞여 있습니다. 따라서 미로를 풀 때는 꼭 앞에서부터 순서대로 풀지 않아도 됩니다.
  눈길을 사로잡는 명화가 있다면 그 미로부터 풀어도 괜찮습니다.
- 미로 중 아랫길과 윗길이 교차하는 경우에는 아랫길을 어둡게 색칠했어요. 아랫길과 윗길을 쉽게 구분할 수 있을 거예요.
- 길을 찾다가 헤매게 된다면 잠시 쉬는 시간을 가진 다음 다시 도전해 보세요. 이전에 보이지 않던 길을 쉽게 찾을 수도 있어요.
- 명화 미로를 즐기는 방법은 다양합니다. 길을 찾은 다음 색칠해 나만의 작품으로 만들거나 명화 속 이야기를 상상해 보는 것도 좋아요.
  내게 맞는 방법을 찾아보세요.
- 해답 면에 원작품의 정보를 같이 실었어요. 원작품, 제목, 작가 이름, 제작 연도, 제작 기법, 크기(cm), 소장처를 표기했습니다.
  명화 원작품을 미로로 어떻게 재구성했는지 비교해 볼 수 있어요.

이 책에 수록된 작품

그랑드 자트 섬의 일요일 오후
조르주 쇠라, 1884~1886년

고흐의 방
빈센트 반 고흐, 1888년

이레네 앙베르
오귀스트 르누아르, 1880년

아메리칸 고딕
그랜트 우드, 1930년

진주 귀걸이를 한 소녀
얀 페르메이르, 1665년

바닷가의 아이들
이중섭, 1952~1953년

사과와 오렌지

폴 세잔, 1899년

파라솔을 든 여인

클로드 모네, 1875년

멀린과 니무에
오브리 비어즐리, 1893년

헨리 8세의 초상

소 한스 홀바인, 1537년

생명의 나무, 성취(스토클레 프리즈)
구스타프 클림트, 1905~1909년

안개 바다 위의 방랑자
카스파르 다비드 프리드리히, 1818년

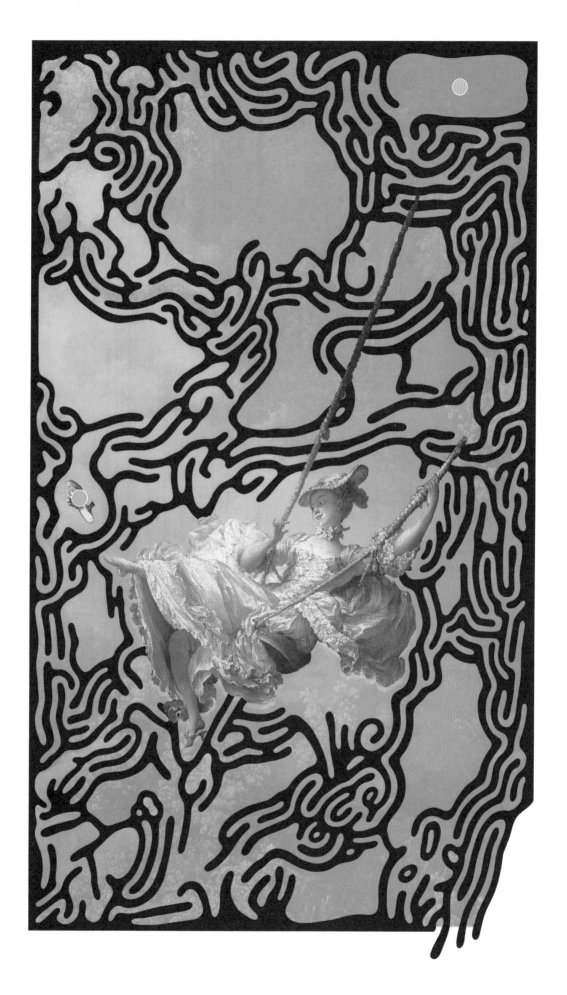

그네

장 오노레 프라고나르, 1767~1768년

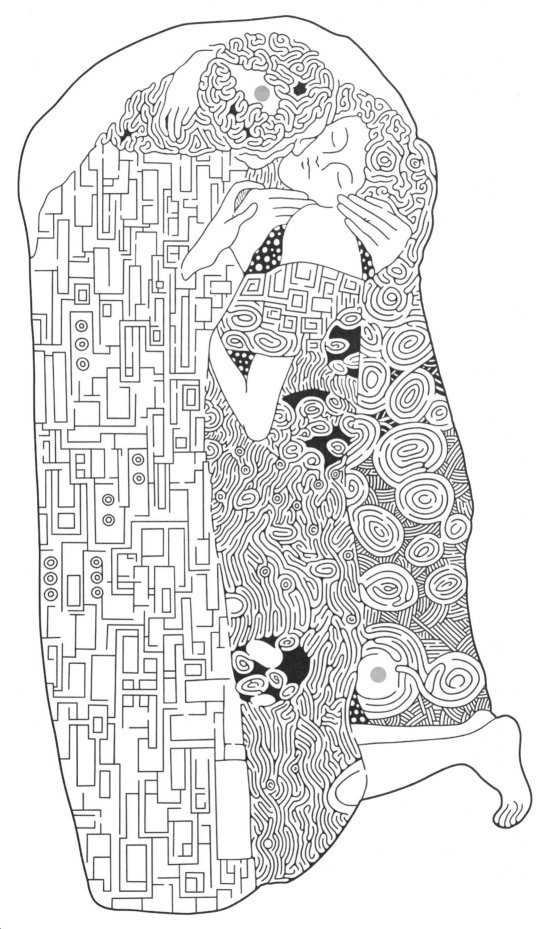

연인(키스)
구스타프 클림트, 1908~1909년

여성의 세 시기
구스타프 클림트, 1905년

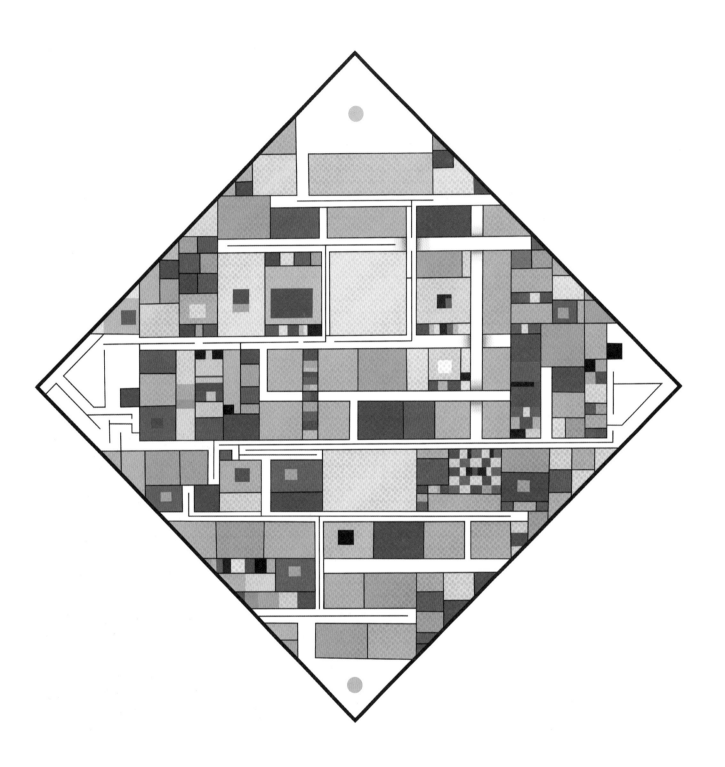

빅토리 부기우기
피에트 몬드리안, 1943~1944년

전사의 옆모습
레오나르도 다빈치, 1475년~1480년

오필리아
존 에버렛 밀레이, 1851~1852년

토끼군
윌리엄 모리스, 1852년

아이의 목욕

메리 커셋, 1893년

1808년 5월 3일

프란시스코 고야, 1814년

절규
에드바르 뭉크, 1893년

푸른 드레스를 입은 마르가리타 공주

디에고 벨라스케스, 1659년

생각하는 사람
오귀스트 로댕, 1904년

지오반니 아르놀피니와 그의 부인의 초상(아르놀피니의 약혼)

얀 반 에이크, 1434년

이중섭, 1954년

흰 소
이중섭, 1954년

예르강에 내리는 비
귀스타브 카유보트, 1875년

아델르 블로흐-바우어의 초상

구스타프 클림트, 1907년

코뿔소
알브레히트 뒤러, 1515년

수련 연못, 녹색의 조화
클로드 모네, 1899년

알프스를 넘는 나폴레옹
자크 루이 다비드, 18세기

아테네 학당
라파엘로 산치오, 1509~1511년

여름
주세페 아르침볼도, 1573년

생 클루 공원의 가로수 길

앙리 루소, 1908년

바벨탑
대 피테르 브뤼헐, 1563년

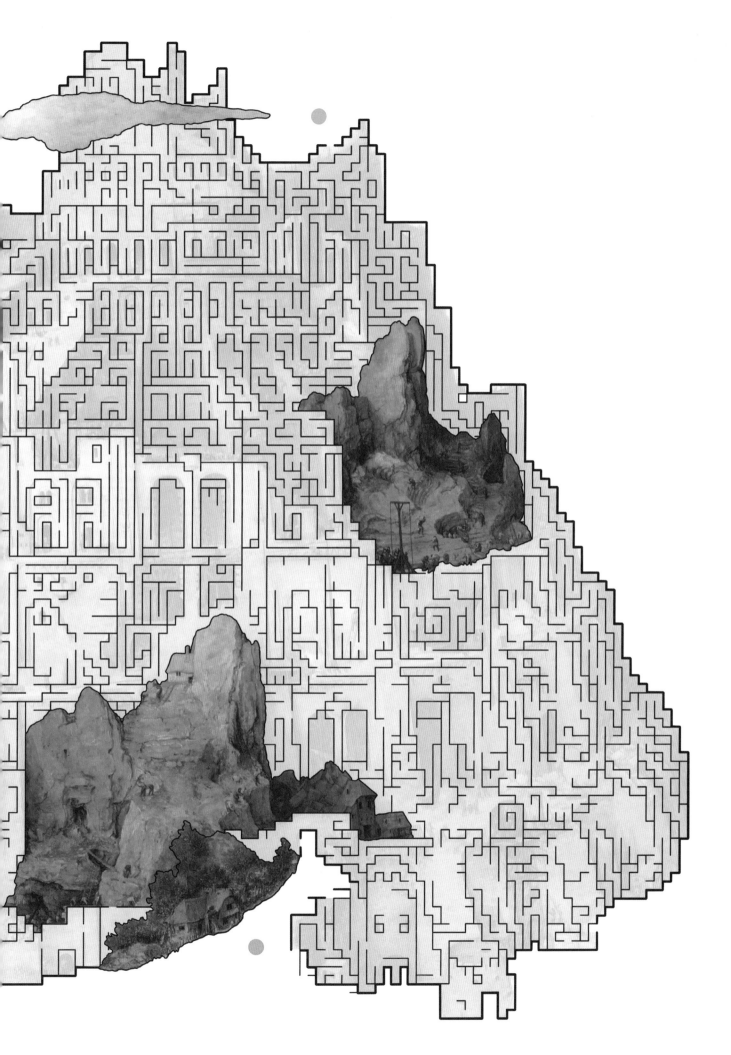

두 자매
오귀스트 르누아르, 1881년

공작새

토마스 뷰익, 1797년

우유를 따르는 여인
얀 페르메이르, 1658년~1660년

파리의 거리, 비오는 날
귀스타브 카유보트, 1877년

밀짚모자(수잔나 룬덴의 초상)

페테르 파울 루벤스, 1625년

세네치오
파울 클레, 1922년

해답

4쪽 | 그랜드 자트 섬의 일요일 오후

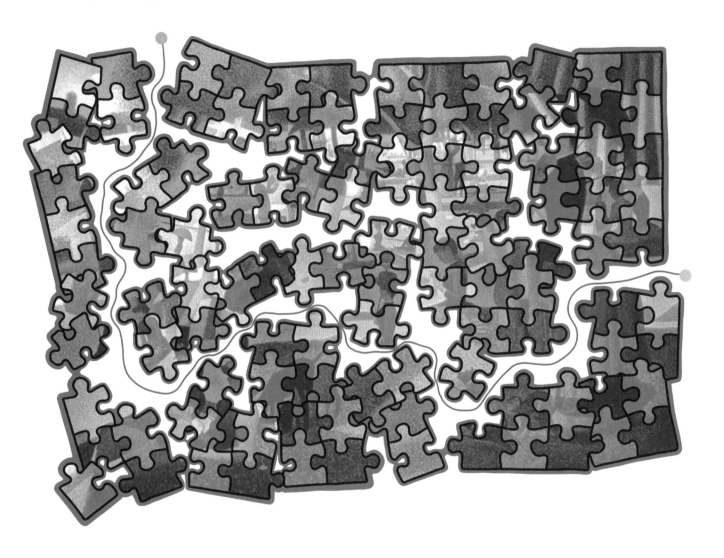

그랜드 자트 섬의 일요일 오후
조르주 쇠라, 1884~1886년, 캔버스에 유채, 207.5×308.1, 시카고 아트인스티튜트, 미국

고흐의 방
빈센트 반 고흐, 1888년, 캔버스에 유채, 72×90, 반 고흐 미술관, 네덜란드

고흐의 방
빈센트 반 고흐, 1888년, 캔버스에 유채, 72×90, 반 고흐 미술관, 네덜란드

이레네 앙베르
오귀스트 르누아르, 1880년, 캔버스에 유채, 64×54, 에밀 뷔를레 콜렉션, 스위스

아메리칸 고딕
그랜트 우드, 1930년, 비버보드에 유채, 78×65.3, 시카고 아트인스티튜트, 미국

진주 귀걸이를 한 소녀
얀 페르메이르, 1665년, 캔버스에 유채, 44.5×39, 헤이그 마우리츠하이스 미술관, 네덜란드

바닷가의 아이들
이중섭, 1952~1953년, 종이에 유채, 32.5×49, 금성문화재단

사과와 오렌지
폴 세잔, 1899년, 캔버스에 유채, 74×93, 오르세미술관, 프랑스

사과와 오렌지
폴 세잔, 1899년, 캔버스에 유채, 74×93, 오르세미술관, 프랑스

파라솔을 든 여인
클로드 모네, 1875년, 캔버스에 유채, 100×81, 워싱턴 국립미술관, 미국

별이 빛나는 밤
빈센트 반 고흐, 1889년, 캔버스에 유채, 73.7×92.1, 뉴욕 현대미술관, 미국

별이 빛나는 밤
빈센트 반 고흐, 1889년, 캔버스에 유채, 73.7×92.1, 뉴욕 현대미술관, 미국

멀린과 니무에
오브리 비어즐리, 1893년, 종이에 펜과 검정색 인디아 잉크, 30.7×24.2, 보스턴 미술관, 미국

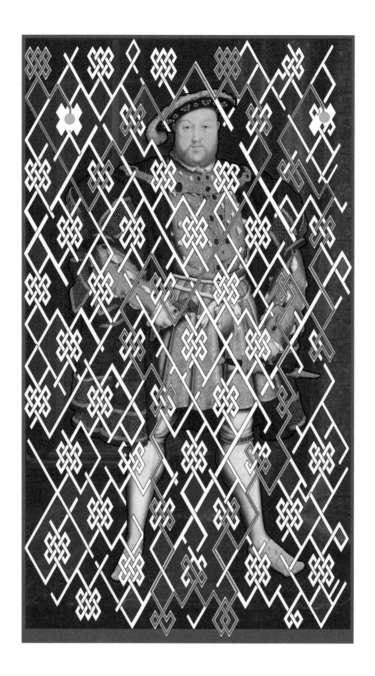

헨리 8세의 초상
소 한스 홀바인, 1537년, 판넬에 유채, 239×134.5, 리버풀 워커미술관, 영국

생명의 나무, 성취(스토클레 프리즈)
구스타프 클림트, 1905~1909년, 구아슈, 수채, 아플리케,
기다림(200×102), 생명의 나무(195×102), 성취(200×102),
오스트리아 응용미술관, 오스트리아

안개 바다 위의 방랑자
카스파르 다비드 프리드리히, 1818년, 캔버스에 유채, 94.8×74.8, 함부르크미술관, 독일

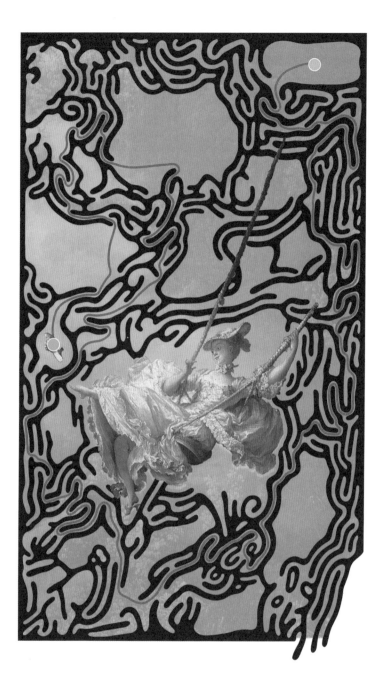

그네
장 오노레 프라고나르, 1767~1768년, 캔버스에 유채, 81×64.2, 월리스 콜렉션, 영국

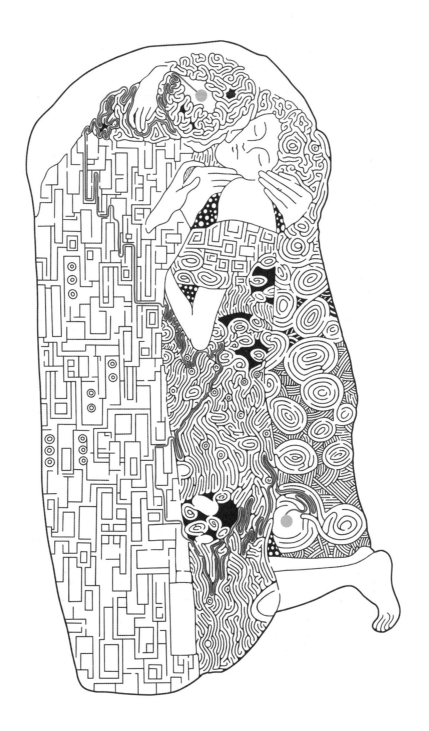

연인(키스)
구스타프 클림트, 1908~1909년, 캔버스에 유채, 금박, 180×180, 벨베데레궁전, 오스트리아

여성의 세 시기
구스타프 클림트, 1905년, 캔버스에 유채, 180×180, 로마 국립 현대미술관, 이탈리아

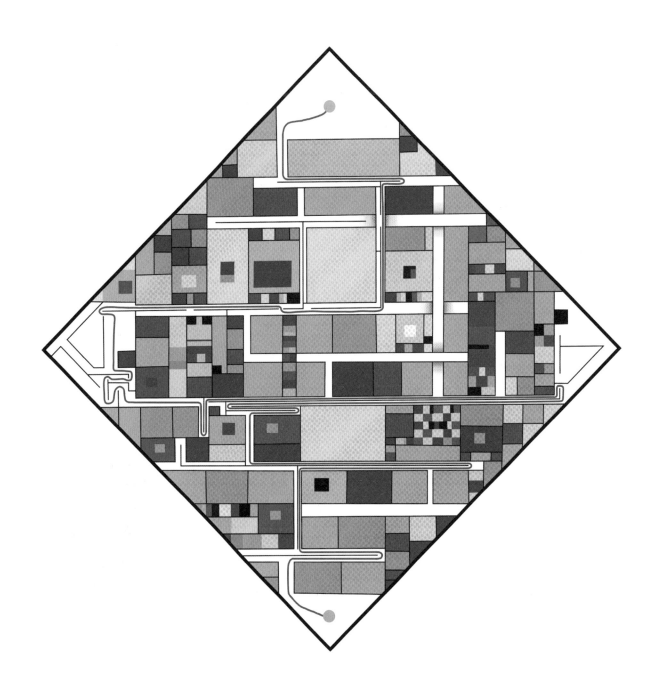

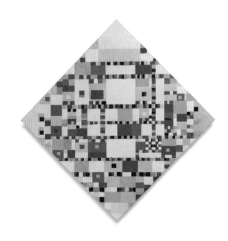

빅토리 부기우기
피에트 몬드리안, 1943~1944년, 캔버스에 오일, 종이, 127×127, 헤이그 미술관, 네덜란드

전사의 옆모습
레오나르도 다빈치, 1475∼1480년, 은필화, 28.7×21.1, 영국박물관, 영국

오필리아
존 에버렛 밀레이, 1851~1852년, 캔버스에 유채, 76.2×111.8,
테이트모던미술관, 영국

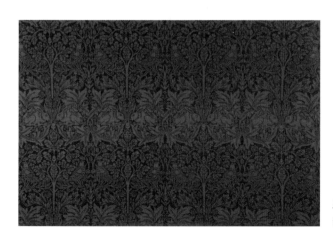

토끼군
윌리엄 모리스, 1882년, 면에 판화, 95.3×73.7, 윌리엄모리스 갤러리, 영국

아이의 목욕
메리 커셋, 1893년, 캔버스에 유채, 100.3×66.1, 시카고 아트인스티튜트, 미국

1808년 5월 3일
프란시스코 고야, 1814년, 캔버스에 유채, 268×347, 프라도미술관, 스페인

절규
에드바르 뭉크, 1893년, 판지에 오일, 템페라, 파스텔, 크레용, 74×56, 뭉크미술관, 노르웨이

푸른 드레스를 입은 마르가리타 공주
디에고 벨라스케스, 1659년, 캔버스에 유채, 125.5×106, 빈 미술사박물관, 오스트리아

생각하는 사람
오귀스트 로댕, 1904년, 청동조상, 높이 189, 로댕미술관, 프랑스

지오반니 아르놀피니와 그의 부인의 초상(아르놀피니의 약혼)
얀 반 에이크, 1434년, 패널에 유채, 82.2×60, 런던 내셔널갤러리, 영국

흰 소
이중섭, 1955년, 종이에 유채, 30×41.7, 홍익대학교 박물관, 한국

예르강에 내리는 비
귀스타브 카유보트, 1875년, 캔버스에 유채, 80.3×59.1, 에스케나지미술관, 인디애나대학교, 미국

아델르 블로흐-바우어의 초상
구스타프 클림트, 1907년, 캔버스에 유채와 금, 은, 140×140, 노이에갤러리, 미국

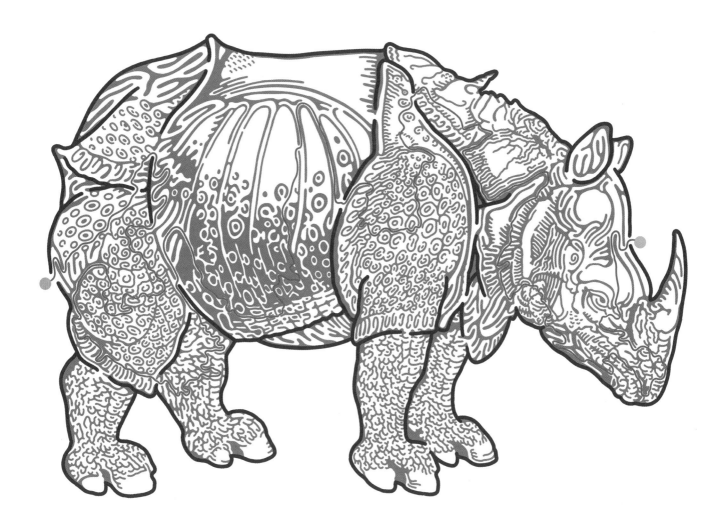

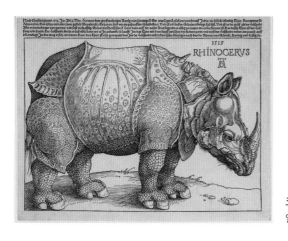

코뿔소
알브레히트 뒤러, 1515년, 목판화, 21.1×29.8, 루브르박물관, 프랑스

수련 연못, 녹색의 조화
클로드 모네, 1899년, 캔버스에 유채, 89.5×92.5, 오르세미술관, 프랑스

알프스를 넘는 나폴레옹
쟈크 루이 다비드, 18세기, 캔버스에 유채, 261×221, 말메종 국립박물관, 프랑스

아테네 학당
라파엘로 산치오, 1509∼1511년, 프레스코 벽화, 500×770,
바티칸미술관 시스티나성당, 이탈리아

여름
주세페 아르침볼도, 1573년, 캔버스에 유채, 76×64, 루브르박물관, 프랑스

생 클루 공원의 가로수 길
앙리 루소, 1908년, 캔버스에 유채, 46.7×38.7, 슈테델미술관, 독일

바벨탑
대 피테르 브뤼헐, 1563년, 목판에 유채, 114.4×155.5, 빈 미술사박물관, 오스트리아

두 자매
오귀스트 르누아르, 1881년, 캔버스에 유채, 100.4×80.9, 시카고 아트인스티튜트, 미국

공작새
토마스 뷰익, 1797년, 아이보리 직물지에 목판화, 23.4×15.3, 블랜턴미술관 텍사스대학교, 미국

우유를 따르는 여인
얀 페르메이르, 1658~1660년,
캔버스에 유채, 45.5×41,
암스테르담 국립박물관, 네덜란드

파리의 거리, 비오는 날
귀스타브 카유보트, 1877년, 캔버스에 유채,
212.2×276.2, 시카고 아트인스티튜트, 미국

밀짚모자(수잔나 룬덴의 초상)
페테르 파울 루벤스, 1622~1625년,
목판에 유채, 79×54.6,
런던 내셔널갤러리, 영국

55쪽 | 세네치오

세네치오
파울 클레, 1922년, 판지, 거즈에 유채,
40.3×37.4, 바젤미술관, 스위스

명화 미로찾기 마스터
머리가 좋아지는 두뇌 트레이닝

1판 1쇄 펴낸 날 2022년 10월 5일

지은이 MAZE_db(최동빈)
주간 안채원
책임편집 채선희
편집 윤대호, 이승미, 윤성하, 장서진
디자인 김수인, 김현주, 이예은
마케팅 함정윤, 김희진

펴낸이 박윤태
펴낸곳 보누스
등록 2001년 8월 17일 제313-2002-179호
주소 서울시 마포구 동교로12안길 31 보누스 4층
전화 02-333-3114
팩스 02-3143-3254
이메일 bonus@bonusbook.co.kr

ISBN 978-89-6494-579-7 13690

- 책값은 뒤표지에 있습니다.